Criar
leopardos
nublados

Lisa MacDonald

✳ Smithsonian

Autora contribuyente

Allison Duarte, M.A.

Asesoras

Tamieka Grizzle, Ed.D.
Instructora de laboratorio de CTIM de K–5
Escuela primaria Harmony Leland

Jessica Kordell
Cuidadora de mamíferos
Smithsonian

Créditos de publicación

Rachelle Cracchiolo, M.S.Ed., *Editora comercial*
Conni Medina, M.A.Ed., *Redactora jefa*
Diana Kenney, M.A.Ed., NBCT, *Directora de contenido*
Véronique Bos, *Directora creativa*
Robin Erickson, *Directora de arte*
Seth Rogers, *Editor*
Caroline Gasca, M.S.Ed., *Editora superior*
Mindy Duits, *Diseñadora gráfica superior*
Walter Mladina, *Investigador de fotografía*
Smithsonian Science Education Center

Créditos de imágenes: portada y pág.1 Kris Wiktor/Shutterstock; contraportada, pág.5 (inferior), pág.8, pág.20, pág.21 (superior), págs.22–24, pág.31 © Smithsonian; pág.4 Andy Cross/The Denver Post a través de Getty Images; pág.6 Imagemore Co, Ltd./Getty Images; pág.7 (inferior) Joel Sartore/National Geographic/Getty Images; pág.9 Timothy Large/Alamy; pág.12 Terry Whittaker/Science Source; pág.13 (inferior) Rich Carey/Shutterstock; pág.14 volkerpreusser/Alamy; pág.16 Bertrand Gardel / Hemis/Alamy; todas las demás imágenes cortesía de iStock and/or Shutterstock.

Library of Congress Cataloging-in-Publication Data

Names: MacDonald, Lisa, author.
Title: Criar leopardos nublados / Lisa MacDonald, Smithsonian Institution.
Other titles: Raising clouded leopards. Spanish
Description: Huntington Beach : Teacher Created Materials Publishing, [2020] | Includes index. | Audience: Grades 2-3
Identifiers: LCCN 2019035324 (print) | LCCN 2019035325 (ebook) | ISBN 9780743926874 (paperback) | ISBN 9780743927024 (ebook)
Subjects: LCSH: Clouded leopard--Juvenile literature. | Clouded leopard--Conservation--Juvenile literature. | Wildlife conservation--Juvenile literature.
Classification: LCC QL737.C23 M165518 2020 (print) | LCC QL737.C23 (ebook) | DDC 599.75--dc23

Teacher Created Materials

5301 Oceanus Drive
Huntington Beach, CA 92649-1030
www.tcmpub.com

ISBN 978-0-7439-2687-4
© 2020 Teacher Created Materials, Inc.
Printed in Malaysia
Thumbprints.25941

Contenido

No es un gato común

¡Mira, allá! ¿Viste al gato salvaje antes de que se escapara? Es un leopardo nublado. Es una especie amenazada, lo que significa que quedan pocos en la naturaleza.

La gente busca animales salvajes por diferentes razones. Algunos quieren tenerlos como mascotas. Otros los cazan. Esos actos no son seguros para los animales ni para las personas. Algunas personas les causan daño a los animales salvajes por accidente. Arruinan los hábitats, lo que puede resultar en la perdida de alimento y lugares para vivir.

Otras personas buscan animales salvajes para ayudarlos. Los científicos quieren estudiar al leopardo nublado. Esperan descubrir lo que el leopardo nublado necesita para sobrevivir. Cuanto más sepamos, más podremos hacer para ayudarlo. Pero no es fácil porque encontrar al leopardo nublado en la naturaleza es todo un desafío.

Una trabajadora del zoológico de Denver alimenta a un leopardo nublado.

Unos obreros destruyen
una parte del bosque
lluvioso de Borneo, donde
vive el leopardo nublado.

leopardo nublado

5

Conoce al leopardo nublado

¿Qué saben los científicos sobre el leopardo nublado? Es pequeño para ser un **felino** "grande". Pesa entre 11 y 23 kilogramos (entre 25 y 50 libras). Su apariencia da algunas pistas sobre cómo vive. Tiene una cola larga y patas cortas en comparación con otros felinos salvajes. Estos **rasgos** le permiten tener buen equilibrio para trepar a los árboles.

El leopardo nublado también tiene patas grandes con garras filosas. Tiene almohadillas flexibles en la parte de abajo de las patas, y sus tobillos traseros giran hacia atrás. Estos rasgos lo ayudan a agarrarse de las ramas para bajar de los árboles cabeza abajo.

Sonidos especiales

El león ruge y el gato doméstico ronronea. El leopardo nublado no hace ninguna de las dos cosas. En cambio, gruñe, bufa e **himpla**. ¿Por qué las diferentes especies de felinos hacen sonidos distintos? Las diferencias en los huesos y en la forma de la garganta de cada felino determinan los sonidos que hace.

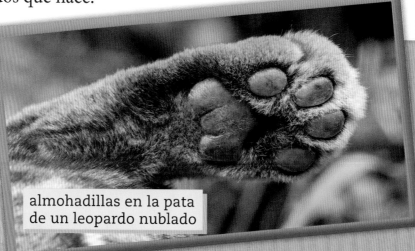

almohadillas en la pata de un leopardo nublado

Una boca gigante

El leopardo nublado tiene una mandíbula articulada que le permite abrir la boca en un ángulo de 100 grados. ¡Eso es cuatro veces más que los seres humanos! Así, el leopardo nublado puede comer animales más grandes.

Un leopardo nublado bosteza.

No molestar

No se sabe mucho sobre cómo vive el leopardo nublado en la naturaleza. Pero los científicos están encontrando nuevas formas de estudiarlo. A la mayoría de los felinos les gusta estar solos la mayor parte del tiempo. Los científicos piensan que el leopardo nublado también es solitario. Ni siquiera los leopardos que viven en la misma región pasan mucho tiempo juntos.

Una especie distinta

Los nombres de los animales dicen mucho sobre ellos. Esto también se aplica al leopardo nublado. La segunda parte de su nombre, "nublado", se relaciona con las manchas de su pelaje. Son grandes y parecen nubes.

La primera parte del nombre, "leopardo", es más engañosa. Algunos podrían pensar que el leopardo nublado es un tipo de leopardo. Pero los científicos ahora saben que se trata de una especie totalmente distinta. Para entender lo que eso significa, piensa en un sabueso y un caniche. Los dos son perros, pero no del mismo tipo. Ahora piensa en un sabueso y un lobo. Son especies distintas.

cámara trampa

TECNOLOGÍA

Cámaras trampa

Para descubrir cómo se comporta el leopardo nublado cuando está solo, los científicos lo filman. Construyen cámaras trampa. Añaden sensores a las cámaras. Cuando un animal pasa junto al sensor, ¡clic! La cámara lo "captura". Las imágenes muestran cómo se comportan los animales en la naturaleza.

El leopardo nublado en su hogar

El leopardo nublado vive en el sudeste asiático y al este del Himalaya. Se le ha hallado muy al sur, en Malasia. El leopardo nublado **se adapta** a una gran variedad de hábitats. Vive en el bosque lluvioso. También vive en bosques secos y pantanos. Se le ha hallado tanto cerca del nivel del mar como en lo alto de las montañas. Todos estos lugares tienen una cosa en común: los árboles.

El leopardo nublado pasa mucho tiempo en los árboles. Observa a sus **presas** desde las ramas. También descansa en los árboles durante el día. Como vive en los árboles, se dice que es *arbóreo*.

Algunos animales duermen por la noche y cazan de día. Otros hacen lo contrario. Algunos científicos piensan que el leopardo nublado está más activo al atardecer y al amanecer.

Un leopardo nublado busca presas desde un árbol.

una leoparda nublada y su cría

Problemas con los humanos

El leopardo nublado vive en el bosque. Pero las personas también usan el bosque. Talan árboles para obtener madera. También para liberar espacio y construir edificios. Cuando eso sucede, el leopardo nublado pierde su hogar. Los animales pequeños de los que se alimentan los leopardos son ahuyentados. Como resultado, el leopardo nublado no tiene suficiente comida.

Los seres humanos causan otros problemas. Algunos cazan leopardos nublados para obtener su piel con manchas. También los capturan y los venden como mascotas. Y hacen medicamentos con sus garras y huesos.

Por todas esas razones, el número de leopardos nublados que hay en el mundo ha disminuido. Taiwán solía tener leopardos nublados. Parece que ya no queda ninguno. Todos debemos hacer algo para ayudar. Nadie quiere que estos hermosos felinos se extingan.

pieles de leopardos nublados

Algunos llaman al leopardo nublado "Tigger de la vida real" porque salta de rama en rama.

Unos obreros talan árboles para obtener madera en el bosque lluvioso de Borneo.

¿Ayudan o dañan?

Para sobrevivir, el leopardo nublado debe poder vivir y **reproducirse** en la naturaleza. El primer paso es proteger su hábitat. Una forma de hacerlo es convertir su hogar en reservas naturales. En esos lugares, no se puede construir ni cazar. Las reservas mantienen a los animales seguros.

En el caso del leopardo nublado, las reservas deben ser lo suficientemente grandes para cubrir el **ámbito de hogar** de varios felinos. Es un terreno muy grande. Surgen problemas si las personas quieren cortar árboles en esas áreas para obtener madera. O, si las personas quieren construir casas dentro del ámbito de hogar de un leopardo nublado, podría haber una lucha por el espacio.

Se necesita un plan. Un buen plan debe funcionar tanto para las personas como para los leopardos nublados. Los grupos de **conservación** pueden ayudar a crear esos planes. Son quienes protegen la vida silvestre.

CLOUDED LEOPARD NATIONAL
PARK
SÉPAHIJALA
CORE AREA
CLOSED FOR VISITORS

YOU ARE NOW IN
CLOUDED LEOPARD
NATIONAL PARK

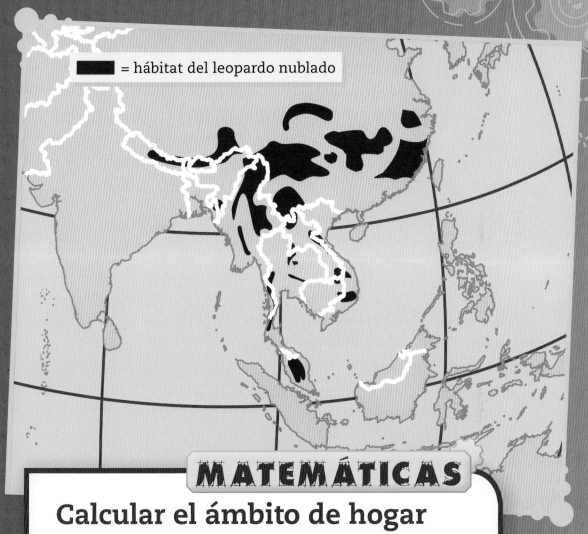

= hábitat del leopardo nublado

MATEMÁTICAS

Calcular el ámbito de hogar

¿Qué tan grande es el hogar del leopardo nublado en la naturaleza? Para averiguarlo, unos científicos colocaron collares que emiten señales de radio en el cuello de algunos leopardos salvajes. Luego, siguieron sus movimientos. Así descubrieron el tamaño de la zona. El hogar de cada leopardo nublado ocupa entre 26 y 39 kilómetros cuadrados (de 10 a 15 millas cuadradas).

Desafíos y éxitos

El leopardo nublado vive en más de un país. Eso significa que ninguna nación puede salvarlo por sí sola. Para que el leopardo esté seguro, se tienen que aprobar las mismas leyes en todos lados. Pero lograr que las personas se pongan de acuerdo puede ser difícil. Por ejemplo, algunos países permiten la caza del leopardo nublado. Otros solo permiten la caza en cantidades mínimas. Y otros no permiten la caza en absoluto. Tener leyes diferentes hace que las cosas sean más difíciles.

Algunos leopardos nublados cazan cabras y ovejas que viven en granjas cercanas. Los granjeros necesitan proteger su **ganado**. Entonces, les disparan a los leopardos nublados que atacan a sus animales. Para evitar esto, algunos grupos han comenzado a pagarles a los granjeros por los animales que pierden. Ese plan ha reducido la cantidad de felinos grandes que mueren cada año.

Al leopardo nublado se le llama "tigre de árbol" en Malasia.

Dos mujeres caminan
con un rebaño de cabras.

Cómo ayudan los zoológicos

Gran parte de la investigación sobre el leopardo nublado se ha realizado en los zoológicos. Los zoológicos trabajan juntos y comparten lo que saben. De ese modo, aprenden más sobre las necesidades del leopardo nublado.

Los científicos quieren que haya más leopardos nublados en el mundo. Muchos zoológicos participan en programas de reproducción. Esos programas comenzaron con leopardos nublados rescatados de cazadores furtivos y traficantes de mascotas. Es difícil hacer que dos leopardos nublados se reproduzcan. El encuentro puede ser peligroso. Podrían pelear. Uno de los dos podría lastimarse o morir.

Con el tiempo, los investigadores pensaron en nuevas formas de hacer que los leopardos nublados se reproduzcan. Una solución es que se conozcan cuando son jóvenes. Es mejor si son menores de un año. Así, es menos probable que se peleen de adultos. Pero eso no siempre significa que hagan buena pareja.

Este leopardo nublado trepa un árbol en su recinto.

Diseñar un hábitat

En un zoológico, no es suficiente que los recintos de los animales se vean bonitos. Cada recinto está diseñado para parecer un hábitat natural. Por ejemplo, como el leopardo nublado pasa mucho tiempo en los árboles, los zoológicos colocan ramas a distintas alturas. Para diseñar un hábitat, el personal del zoológico debe estudiar qué necesita cada animal.

A medida que haya más programas de reproducción en los zoológicos, nacerán y crecerán más cachorros. Es decir, más cachorros crecerán y tendrán sus propios cachorros.

El Zoológico Nacional Smithsonian forma parte de un exitoso programa de reproducción. Pero se necesitó mucho trabajo para lograrlo. Al principio, muchos cachorros no sobrevivían. Los científicos del zoológico necesitaban ayuda. Se pusieron a trabajar con investigadores de otros dos zoológicos. Uno de ellos está en Nashville, Tennessee. El otro está en Tailandia. Juntos, descubrieron cómo mantener vivos a los cachorros. Este programa conjunto ha logrado que nazcan más de 70 cachorros.

Gracias a los zoológicos, los científicos han aprendido algunas cosas importantes acerca del leopardo nublado. Ya saben cuáles son los mejores alimentos para estos felinos. Saben cuánto espacio necesitan. Hasta conocen los tipos de juguetes con los que les gusta jugar. Todo este conocimiento ayuda a los zoológicos a cuidar a los leopardos nublados.

Este leopardo nublado de dos meses de edad es producto del programa de reproducción del Zoológico Nacional Smithsonian.

Este cachorro bebe
de un biberón.

El leopardo nublado
tiene **caninos** largos.
¡Sus dientes son del
mismo tamaño que
los de un tigre adulto!

¡Hola, bebé!

Una leoparda nublada puede tener crías a partir de los dos años de edad. El embarazo dura unos tres meses. Las hembras suelen tener dos o tres cachorros, pero ¡pueden tener hasta cinco! Los recién nacidos son diminutos. Solo pesan entre 150 y 300 gramos (de 5 a 10 onzas).

En los zoológicos, las crías son amamantadas hasta que cumplen tres meses. Se quedan con su madre entre un año y medio y dos años. Después, buscan pareja y tienen sus propias crías.

Cada cachorro de leopardo nublado es muy importante. Por eso, los cachorros se crían en los zoológicos. Los llevan a una guardería independiente para mantenerlos seguros.

La mayoría de los cachorros que crecen en los zoológicos sobreviven hasta la edad adulta. ¡También es más probable que tengan sus propias crías!

Este leopardo nublado bebe un preparado especial de un tazón.

¡Un leopardo nublado
recién nacido come siete
veces al día! Los cuidadores
del zoológico se turnan
para alimentar a los bebés.

Algunos años, nacen muchos cachorros en los zoológicos. Pero otros años no nace ninguno. Durante 15 años seguidos, no nació ningún cachorro en el zoológico nacional. Hasta que, en 2009, nacieron Ta Moon y su hermano Sa Ming. El año siguiente nacieron dos cachorros más. Muchos más han nacido desde entonces. ¡Ta Moon es el padre de cuatro de ellos!

Los científicos del zoológico nacional ayudan a otros zoológicos con sus programas de reproducción. En 2015, nació un leopardo nublado en el zoológico de Nashville. Se llama Nirán. Los científicos de los dos zoológicos trabajaron juntos para ayudar a que la madre de Nirán quedara embarazada. Su trabajo ayudará a más leopardos nublados a tener cría en los zoológicos.

Estos dos cachorritos nacieron el 14 de febrero de 2010 en el Zoológico Nacional Smithsonian.

INGENIERÍA

Hogares libres de estrés

Cuando el leopardo nublado está estresado, es difícil que tenga cría. Por eso, el personal de los zoológicos diseña hogares especiales para los leopardos. Como el leopardo nublado vive en los árboles, se instalan objetos altos para que los leopardos trepen y se sientan más seguros. Mantenerlos alejados de otros felinos grandes también ayuda.

Un futuro nublado

No es demasiado tarde para ayudar al leopardo nublado. Llevó mucho tiempo aprender lo que este felino necesita en los zoológicos y en la naturaleza para sobrevivir. Ahora que lo sabemos, los esfuerzos para salvar al leopardo nublado deben continuar.

Un grupo pequeño de personas no puede resolver esto sin ayuda. Los científicos deben aprender más sobre el leopardo nublado para poder ayudarlo. Los grupos deben luchar para que se aprueben leyes que protejan los hábitats de los leopardos. Y quienes aman a los animales deben compartir la historia del leopardo nublado. Así, el número de leopardos puede seguir aumentando.

Todos tenemos que trabajar juntos. Debemos compartir la información. Es la mejor manera de ayudar a salvar al leopardo nublado. ¡No podemos rendirnos!

DESAFÍO DE CTIAM

Define el problema

Tu zoológico local está comenzando un programa de reproducción para ayudar a salvar al leopardo nublado. Te han pedido que diseñes el nuevo recinto. ¿Cómo usarás lo que aprendiste para crear un hábitat para estos animales en el zoológico?

Limitaciones: En el recinto deben poder vivir juntos 4 leopardos nublados.

Criterios: Un diseño exitoso se verá como el hábitat natural, hará que los animales se sientan seguros y permitirá que los científicos y los visitantes los observen.

Investiga y piensa ideas

En el libro, busca información sobre la vida y el comportamiento del leopardo nublado. ¿Vive solo o en grupo? ¿Necesita espacios separados? ¿Qué le gusta hacer? ¿Cómo harán los científicos para observar a los animales en tu modelo?

Diseña y construye

Bosqueja tu diseño. ¿Qué propósito cumple cada parte? ¿Cuáles son los materiales que mejor funcionarán? Construye el modelo.

Prueba y mejora

Tus compañeros representarán a los científicos del zoológico. Muestra y explica tu modelo al grupo. Pregúntales cómo podrías mejorar el diseño. ¿Cómo usarás esa información para hacer cambios? Modifica tu diseño y vuelve a presentarlo.

Reflexiona y comparte

¿Crees que los científicos comparten su trabajo? ¿Cuáles son algunos de los beneficios de compartir ideas en las ciencias y la ingeniería? ¿Cómo aprendiste de los demás durante este desafío?

Glosario

amamantadas: alimentadas con leche

ámbito de hogar: una zona que recorren habitualmente determinados animales o grupos de animales

caninos: los dientes puntiagudos de los mamíferos

cazadores furtivos: personas que cazan y matan animales ilegalmente

conservación: la protección de los recursos naturales

especie: un grupo de plantas o animales que están emparentados y que pueden producir descendientes

felino: un animal que pertenece a la familia de los gatos, los leones y los tigres, entre otros

ganado: un conjunto de animales de granja que se crían para uso personal y para generar ganancias

himpla: emite soplidos suaves

presas: animales que otro animal caza, atrapa y come

rasgos: cualidades y características que distinguen a las personas o cosas de otras

reproducirse: aparearse y tener cría

se adapta: se ajusta a nuevas condiciones

se extingan: dejen de existir

solitario: que vive solo o sin compañeros